CHAMBRE DE COMMERCE DE MARSEILLE

DÉLIBÉRATION

SUR LE

PROJET DE RÉFORME

DE

LA LÉGISLATION DES FAILLITES

27 NOVEMBRE 1885

MARSEILLE

TYPOGRAPHIE ET LITHOGRAPHIE BARLATIER-FEISSAT

Rue Venture, 19

1885

DÉLIBÉRATION

SUR LE

PROJET DE RÉFORME

DE

LA LÉGISLATION DES FAILLITES

27 NOVEMBRE 1885

MARSEILLE

TYPOGRAPHIE ET LITHOGRAPHIE BARLATIER-FEISSAT

Rue Venture, 19

1885

CHAMBRE DE COMMERCE DE MARSEILLE

EXTRAIT DU REGISTRE DES DÉLIBÉRATIONS

Séance du 27 Novembre 1885

M. Eugène Richard fait le rapport suivant au nom de la Commission (1) qui avait été chargée d'examiner le projet de loi sur les faillites communiqué par M. le Ministre du Commerce.

Messieurs,

Depuis plusieurs années tous les Corps constitués réclament avec instance la révision de la loi de 1838 qui régit les faillites. La création des chemins de fer, des bateaux à vapeur, des télégraphes électriques ayant transformé les relations commerciales, la loi ne répond plus aux besoins du commerce.

Plusieurs projets ont été présentés au Corps Législatif. Une commission nommée à cet effet s'est livrée à une étude laborieuse et a déposé son rapport. .

(1) Cette Commission était composée de MM. Augustin Féraud, vice-président, Lagarde, Lallement, Caire et Richard.

Par lettre en date du 23 février dernier, M. le Ministre du Commerce a demandé l'avis de la Chambre sur la rédaction définitive du projet qui sera prochainement soumis aux délibérations du Parlement.

Vous avez chargé une Commission d'examiner ce projet et de formuler son avis.

Au nom de cette Commission nous avons l'honneur de vous présenter notre rapport.

Le nouveau projet a pour but :

D'une part, d'affranchir le commerçant honnête et malheureux, ruiné par une crise politique ou commerciale ou victime de son imprudence, des peines ou de la flétrissure résultant de la déclaration de faillite.

D'autre part, d'accélérer les opérations, de simplifier les formalités et de diminuer les frais.

Il divise les commerçants devenus insolvables en deux catégories.

Aux uns il concède le bénéfice de la liquidation judiciaire si dans les dix jours qui suivent la suspension des paiements ils ont présenté requête au tribunal et demandé un liquidateur.

Pour les autres c'est la faillite.

Nous approuvons pleinement en principe ces modifications. Une plus grande célérité dans les liquidations s'impose à cette heure, et nous sommes d'avis qu'il est utile de protéger les intérêts du commerçant honnête et de bonne foi qui a été emporté par des circonstances qu'il n'a pu ni prévoir ni conjurer.

Mais, si les intérêts du liquidé doivent être protégés, il faut aussi sauvegarder ceux des créanciers, et en créant la liquidation judiciaire qui affranchit le liquidé de la flétrissure résultant de la faillite, le législateur a le devoir d'armer les créanciers contre des manœuvres malheureusement trop fréquentes, même sous l'empire de la législation actuelle.

Les auteurs du projet qui vous est soumis sur la liquidation judiciaire n'ont pas, à notre avis, suffisamment tenu compte des intérêts des créanciers.

Telle a été notre première impression sur l'ensemble de la loi.

Si nous entrons dans l'examen des articles, nous avons à formuler les observations suivantes :

De la Liquidation judiciaire.

L'article 440 du projet de loi porte : « Le jugement qui déclare « ouverte la liquidation judiciaire est délibéré en Chambre du Conseil « et prononcé en audience publique. »

Cet article est muet en ce qui touche la publicité dont ce jugement peut être l'objet ; mais nous trouvons dans l'exposé des motifs, qui est l'explication de la loi, le paragraphe suivant :

« Le but ne serait pas atteint si la publicité venait infliger (au « débiteur) son irréparable blessure. »

Il est bien évident que, dans la pensée du rapporteur, le jugement ne doit pas être publié.

Nous ne partageons pas sur ce point l'opinion de la Commission du Corps Législatif ; *l'irréparable blessure* sera la conséquence du jugement et non de la publicité qui lui sera donnée. Nous croyons donc que la loi doit ordonner la publication du jugement ouvrant la liquidation judiciaire.

En fait, ce jugement met le débiteur en tutelle, sur sa demande et après l'aveu qu'il est dans l'impossibilité de faire honneur à ses engagements ; il crée à ce commerçant une situation privilégiée, puisqu'il dispose, contrairement au droit commun, « qu'il ne pourra être exercé contre « lui aucune poursuite. » (Art. 441 du projet.)

Il nous paraît indispensable que les tiers soient informés de pareils faits afin d'éviter des actes coupables de la part de certains débiteurs.

Art. 442. — Aux termes de cet article, le débiteur peut, sous la surveillance du liquidateur, « *procéder au recouvrement des effets et* « *créances exigibles et faire tous actes conservatoires.*

Le 2me paragraphe porte : *Sous la même surveillance, et avec* « *l'autorisation du juge-commissaire, il peut procéder à la vente* « *des effets sujets à dépérissement etc., et continuer l'exploitation* « *de son commerce ou de son industrie.* »

Ces dispositions nous ont paru absolument inadmissibles.

Le mot « surveillance » n'implique pas la responsabilité du liquidateur, qui ne peut évidemment être engagé qu'à la condition qu'il ait opéré lui-même ou contresigné toutes les quittances, tous les actes du débiteur, à peine de nullité.

L'article 442 suppose l'entière bonne foi du débiteur ; il lui donne le droit d'une manière générale d'encaisser ses effets et créances ; il n'a besoin d'aucune autorisation du juge, ni même du liquidateur.

Mais la loi doit prévoir le cas où un débiteur malhonnête tromperait la vigilance du liquidateur, ne verserait pas à la masse les recouvrements effectués et ferait de nouvelles dupes en contractant des engagements vis-à-vis de personnes ignorantes de son état de liquidation.

Même en admettant la bonne foi, n'est-il pas possible qu'après autorisation du juge, les nouvelles opérations engagées par le liquidé, non garanties par un capital disparu, soldent en perte, et qu'ainsi les tiers se trouvent compromis, sans qu'il y ait eu fraude de la part du débiteur ?

Nous insistons vivement pour que la liquidation judiciaire soit portée à la connaissance du public, pour que le débiteur soit frappé d'incapacité par le jugement déclaratif de liquidation et que le liquidateur seul ait pouvoir de gérer les intérêts de la masse tout en sauvegardant ceux du liquidé.

S'il y a intérêt à continuer le commerce ou l'industrie, ce doit être sous la gestion et la responsabilité du liquidateur, qui est de droit autorisé à s'adjoindre le liquidé.

Art. 446 à 449. — Nous avons dit qu'il était très utile d'abréger les formalités et les lenteurs de la loi actuelle, mais il ne faudrait pas que ce fût au détriment des tiers-porteurs.

« L'article 449 du projet stipule :

« Si des lettres de change ou des billets à ordre souscrits ou endossés
« par le débiteur et non échus sont en circulation, le liquidateur *pourra*
« obtenir du juge-commissaire la convocation d'une nouvelle assemblée
« de vérification. »

Il nous paraît nécessaire que cette troisième réunion soit de droit s'il
y a des valeurs en circulation dont la production n'a pas pu être faite par
suite de l'éloignement du créancier ou même de son ignorance de la
liquidation,

Ce serait faciliter la fraude que permettre à un débiteur de précipiter
les opérations et d'enlever le concordat avant que les créanciers aient
pu se présenter pour faire valoir leurs droits.

ART. 453. — Le projet permet le concordat à la majorité des 2/3 en
somme.

Nous pensons que l'ancienne majorité des 3/4 devrait être maintenue,
car il ne s'agit point ici de la faillite, mais bien d'une situation mixte et
privilégiée.

Il ne faut pas perdre de vue que les créanciers vérifiés ont seuls qua-
lité pour voter au concordat, et que le concordat est obligatoire pour
tous les créanciers indistinctement ; la réduction des délais, la plus
grande célérité dans les opérations auront pour conséquence de mettre
un certain nombre de créanciers dans l'impossibilité de prendre part
à ce vote.

En réduisant l'importance de la majorité, on s'exposerait à favoriser
la fraude.

ART. 460. — Il est à notre avis d'autant plus indispensable de fixer
la majorité pour le concordat aux 3/4 en somme, que la loi est on ne
peut plus bienveillante pour celui qui aura bénéficié de la liquidation
judiciaire.

Les peines édictées par cette loi sont même à notre avis tout à fait
insuffisantes. « Le liquidé ne pourra pas être nommé juge, membre de
« la Chambre de Commerce, du Conseil des Prud'hommes et des Cham-
« bres consultatives. »

Or parmi les commerçants combien est faible la proportion de ceux qui peuvent aspirer à ces fonctions.

Il y a plus, peut-on admettre qu'un liquidé qui a distribué même 50 0/0 de dividende soit élu sénateur, député ou membre d'un Conseil général ou d'un Conseil municipal ? Nous sommes d'avis qu'il y aurait lieu d'interdire toutes les fonctions publiques à un commerçant qui aurait bénéficié des dispositions de la loi et n'aurait pas intégralement payé ses dettes.

Après ces diverses remarques nous estimons que le projet de loi sur la liquidation judiciaire est incomplet, et nous émettons l'avis qu'il serait utile d'y ajouter les dispositions suivantes :

La liquidation judiciaire sera transformée en déclaration de faillite *si le débiteur n'est pas en mesure de produire des livres pouvant justifier les pertes effectives par lui éprouvées.*

La loi oblige tous les commerçants, sans exception, à tenir des écritures régulières. Il n'est que juste que le commerçant devenu insolvable, qui ne s'est pas conformé aux prescriptions de la loi et qui ne peut justifier des pertes qui le mettent dans l'impossibilité de payer intégralement ses créanciers, subisse une peine quelconque. Cette peine doit être la flétrissure résultant de la faillite.

Nous émettons encore le vœu qu'il soit écrit dans la loi que *tout commerçant en état de suspension de paiements, qui aura déjà bénéficié une fois de la liquidation judiciaire, sera de plein droit déclaré en état de faillite.*

Il ne faut pas permettre que la liquidation judiciaire devienne un abus ou une spéculation pour certains commerçants ou industriels.

De la Faillite.

Le nouveau projet reproduit la plupart des articles de la loi de 1838. Nous remarquons toutefois, avec le plus vif regret, la suppression du Chapitre VI du Code de commerce, relatif au concordat.

Cette suppression à une très grande importance et nous appelons sur ce point l'attention de la Chambre.

De même que nous avons prévu dans la liquidation judiciaire la mauvaise foi du débiteur, nous voulons signaler qu'un commerçant malheureux, négligent plus que coupable, ignorant peut être, sera fatalement perdu, puisqu'il est déclaré en faillite, si dans les dix jours qui ont suivi le premier protêt, il n'a réclamé les avantages de la liquidation judiciaire.

En effet, le nouveau projet ne prévoyant pas la possibilité du concordat après faillite, il en résulte qu'un commerçant, même parfaitement honorable, s'il n'a pas rempli cette formalité, sera fatalement condamné au régime de l'union.

L'Art. 518 traite de l'excusabilité et de la non excusabilité du failli et le paragraphe 3 est ainsi conçu : « Dans l'un et l'autre cas les créan- « ciers rentrent dans l'exercice de leurs actions individuelles contre le « failli. »

Il n'y a pas de doute possible, c'est l'union dans tous les cas, c'est-à-dire l'interdiction d'obtenir de la masse des créanciers, même au prix d'un dividende important, la remise d'une partie de la dette ; c'est l'incapacité légale pour le failli, l'impossibilité de faire de nouvelles affaires, de se relever par un travail honnête, et par suite d'arriver à la réhabilitation par le paiement intégral.

De plus, si l'on prend à la lettre le texte du nouveau projet, il peut se produire qu'un débiteur ait son concordat et sa liberté d'action moyennant un dividende de 20 p. 0/0 et peut-être inférieur, tandis qu'un moins habile ne pourrait pas s'affranchir avec 90 p. 0/0 du contrat d'union et de l'incapacité.

Cette question a surtout un intérêt considérable pour le petit commerce.

Le détaillant n'attribue pas au protêt l'importance qu'il doit avoir. Son magasin, quoique bien pourvu, ne lui fournit pas quelquefois les fonds nécessaires à une échéance et souvent il laisse protester un effet qu'il paie quelques jours après.

L'existence de ce seul protêt, dont il aura souvent oublié la date, peut être la cause de sa faillite en le mettant dans l'impossibilité de réclamer en temps opportun la liquidation judiciaire.

Et, même dans l'intérêt des créanciers, nous ne voyons pas quel avantage il peut y avoir à priver ceux-ci de la faculté de traiter avec leur débiteur et de lui accorder le concordat.

Nous voudrions donc la possibilité de ce concordat aussi bien après la faillite qu'après la liquidation judiciaire.

Le vote du projet de loi supprimant le concordat après faillite aurait à notre avis des conséquences fâcheuses.

Nous avons dit que l'existence d'un protêt remontant à plus de dix jours pourrait entraîner la faillite.

En effet, la jurisprudence a admis de fixer à l'époque de ce protêt la date de la suspension de paiement ; mais en présence de la sévérité trop grande de la loi sur la faillite, les tribunaux seraient amenés à ne pas appliquer la jurisprudence, qui est variable du reste. Il en résulterait que la liquidation judiciaire deviendrait la règle et la faillite l'exception, et que des commerçants peu recommandables profiteraient d'avantages dont ils ne sont pas dignes.

D'autre part, le commerçant qui, par ignorance ou pour toute autre cause, ne se trouverait plus dans les conditions pour obtenir le bénéfice de la liquidation judiciaire, n'ayant d'autre perspective que la faillite avec toutes ses conséquences, serait tout naturellement tenté de résister et d'anéantir, par des efforts inutiles, son actif au préjudice des créanciers.

Dans l'un et l'autre cas, le but de la loi serait complètement manqué.

Nous insistons donc très vivement pour que les articles n°s 504 à 527 du Code de Commerce actuel soient ajoutés au nouveau projet.

Dispositions communes à la liquidation judiciaire et à la faillite

L'Art. 446 du Code de Commerce est ainsi conçu : « Sont nuls et
« sans effets, relativement à la masse, lorsqu'ils auront été faits par le
« débiteur depuis l'époque déterminée par le Tribunal comme étant
« celle de la cessation de ses paiements, ou dans les dix jours qui
« auront précédé cette époque :
« Tous actes translatifs de propriétés mobilières ou immobilières à
« titre gratuit.
« Tous paiements, soit en espèces, soit par transport, vente, com-
« pensation ou autrement, pour dettes non échues, et pour dettes échues,
« tous paiements faits autrement qu'en espèces ou effets de commerce.
« Toute hypothèque conventionnelle ou judiciaire, et tous droits
« d'antichrèse ou de nantissement constitués sur les biens du débiteur
« pour dettes antérieurement contractées.
Il est reproduit dans le projet de loi au chapitre de la faillite sous le
numéro 479.

L'article 447 du Code, qui forme le complément du précédent, est
aussi reproduit sous le numéro 480 avec quelques modifications, aux-
quelles nous croyons inutile de nous arrêter.

Ces sages dispositions de la loi de 1838, qui ont rendu de grands servi-
ces et mis obstacle à l'accomplissement de fraudes nombreuses,
seraient donc applicables à la faillite et non à la liquidation judiciaire.

Nous émettons l'avis que ces deux articles doivent être reportés au
chapitre des dispositions communes à la liquidation judiciaire et à la
faillite.

La période suspecte de 10 jours n'a d'autre but que d'éviter des
abus et ne peut dans aucun cas être préjudiciable aux intérêts du débiteur honnête.

Le commerçant qui se trouve au-dessous de ses affaires, pressé souvent par certains créanciers plus adroits ou mieux renseignés que d'autres, ou encore par des parents ou des amis dont il veut sauvegarder les intérêts, est amené à faire en leur faveur des sacrifices gratuits, à acquitter des dettes non échues, à consentir des hypothèques.

Quelquefois même des débiteurs malhonnêtes usent de pareils moyens pour faire disparaître la majeure partie de leur actif et se créer des ressources pour l'avenir.

La fraude serait donc favorisée par l'abrogation de ces dispositions dans la liquidation judiciaire.

Nous ne voyons pas du reste l'utilité qu'il y aurait à supprimer la période suspecte. Il appartient aux tribunaux de juger si les actes faits dans les 10 jours qui précèdent la suspension de paiements sont ou non réguliers et légaux. Les contractants ont donc toutes les garanties désirables.

Le débiteur honnête bénéficie même de ces dispositions, qui lui permettent d'opposer à un créancier trop exigeant l'illégalité de l'acte qu'il sollicite et sa nullité certaine.

Les débiteurs ou créanciers malhonnêtes seuls pourraient profiter de cette suppression et c'est ce que la loi doit empêcher par tous les moyens possibles.

Nous insistons, par conséquent, pour que les articles 479 et 480 du nouveau projet soient applicables à la liquidation judiciaire comme à la faillite.

Le projet de loi supprime d'une manière absolue les dispositions édictées par le deuxième paragraphe de l'article 444 du Code de Commerce : « En cas de faillite du souscripteur d'un billet à ordre, de l'accepteur « d'une lettre de change, ou du tireur à défaut d'accepteur, les autres « obligés sont tenus de donner caution pour le paiement à l'échéance, « s'ils n'aiment mieux payer immédiatement. »

Il stipule de plus à l'article 3 l'abrogation du deuxième paragraphe de l'article 163 du Code de commerce et le remplace par la disposition suivante : « En cas de liquidation judiciaire ou de faillite de l'accepteur « avant l'échéance, le porteur peut faire protester mais il ne peut

« exercer son recours qu'après l'échéance et les délais qui lui sont
« impartis.........

Ces modifications ne sont pas admissibles.

Celui qui a escompté un effet portant un certain nombre de signatures,
avait le droit de compter sur les garanties que comportait l'effet. Si
l'une de ces garanties disparaît n'est-il pas juste qu'elle lui soit rempla-
cée par une caution, et doit-il attendre l'échéance même lointaine pour
exercer des droits qui n'auront peut-être plus aucune valeur à ce
moment ?

Il se présente très souvent que les divers signataires d'un effet, et
surtout tireur et accepteur, sont engagés dans les mêmes affaires, que
l'insolvabilité de l'un entraîne, à délai plus ou moins court, la ruine de
l'autre.

Dispenser le cédant de fournir des garanties c'est donc augmen-
ter dans une proportion considérable les chances de perte des porteurs.

L'insolvabilité du souscripteur d'un billet ou de l'accepteur d'une
lettre de change rend la négociation impossible, quelle que soit la valeur
des signatures des endosseurs et des tireurs.

La Banque de France repousse systématiquement ce papier, parce
qu'elle sait qu'il ne sera pas payé à l'échéance. C'est donc pour le porteur une valeur morte en portefeuille dont il ne peut plus faire usage.
Le priver du droit d'exiger caution de son cédant, ce serait diminuer la
valeur de la lettre de change au grand détriment du commerce en
général.

Nous n'hésitons pas à déclarer que la suppression pour le tiers porteur du droit de réclamer le remboursement ou une caution de son
cédant, dès que l'insolvabilité de l'accepteur est consacrée par jugement,
serait préjudiciable aux intérêts de tous, même de ceux que les auteurs
du projet ont l'intention de protéger. De plus elle créerait des situations
anormales.

En effet, le tiers-porteur, garanti par plusieurs endosseurs, n'aurait
aucun intérêt à faire admettre le montant de l'effet au passif de la liquidation ou de la faillite.

Les endosseurs précédents, non prévenus, ou ignorant en quelles mains se trouve le titre, n'auraient aucun droit de faire admettre une créance dont ils ne seraient du reste titulaires qu'après l'échéance et le remboursement effectif.

Ils seraient, par suite, dans l'impossibilité d'assister aux assemblées de créanciers, de participer à la nomination des Commissaires, peut-être même de prendre part au vote sur le concordat, si l'on tient compte de la rapidité des opérations.

Or, que se passe-t-il dans la pratique sous l'empire de la législation actuelle ?

Lorsqu'un accepteur est en faillite, la Banque de France et, à son exemple, tous les tiers porteurs présentent l'effet à leur cédant qui rembourse généralement ou qui donne caution ; le véritable créancier est ainsi prévenu, et, dès la première heure, en état de défendre ses intérêts.

Nous demandons l'insertion dans le projet de loi, au titre des dispositions communes à la liquidation judiciaire et à la faillite, du deuxième paragraphe de l'art 444 de la loi de 1838 et le maintien de l'article 163 du Code de Commerce.

Des Droits des Femmes.

Les droits dés femmes sont réglementés par les articles 559 à 564 du projet de loi qui reproduisent à peu près toutes les dispositions de la loi de 1838.

Plusieurs Tribunaux et Chambres de Commerce demandent l'addition d'une disposition nouvelle stipulant que, lorsque le débiteur devenu insolvable est marié, le jugement prononçant l'ouverture de la liquidation judiciaire ou déclarant la faillite, devra ordonner d'office la séparation de biens.

Il est très vrai qu'aussitôt après la déclaration de faillite, la femme, lorsqu'elle a des reprises à exercer ou des intérêts à sauvegarder, demande immédiatement la séparation de biens qui ne saurait lui être refusée.

L'instance ouverte contre le failli et contre son syndic occasionne des retards dans la liquidation, et des frais souvent importants que la jurisprudence met en totalité à la charge du failli ; ces frais sont prélevés par privilége sur son actif, au grand préjudice des intérêts de la masse des créanciers.

Nous approuvons entièrement cette addition : nous croyons toutefois qu'il faudrait permettre à la femme de renoncer au bénéfice de la séparation lorsqu'elle voudrait faire des sacrifices.

Il serait donc utile de l'y autoriser en stipulant qu'elle devrait, dans ce cas, faire une déclaration au greffe du Tribunal dans les trois mois du jugement.

Nous avons examiné le projet de loi au point de vue des intérêts généraux du commerce et de ceux du débiteur et des créanciers. Nous laissons aux jurisconsultes et aux hommes de loi, beaucoup plus compétents que nous en pareille matière, le soin d'apprécier toutes les dispositions qui touchent à la procédure, aux formalités et aux délais.

Ce rapport entendu, la Chambre en adopte entièrement les conclusions et le convertit en délibération.

Elle remercie et félicite le Rapporteur et tous les autres membres de la Commission de cet excellent travail, qui sera imprimé pour être distribué aux Sénateurs et Députés des Bouches-du-Rhône, aux membres de la Commission parlementaire qui a élaboré le projet de loi, et aux principales Chambres de Commerce.

Pour extrait certifié conforme :

Le Président de la Chambre de Commerce,

Cyprien FABRE.